Une petite dose d'humour,
un zeste de sincérité,
une touche de tendresse…
Minus, des livres pour raconter
les moments qui font la vie
et partager ses émotions
sans tabou ni détour.

Mode d'emploi

Ce cahier est à remplir
à 2, 3 ou 4 frères et sœurs.

1
Chacun choisit son symbole
(pas de dispute, il y en aura pour tout le monde !)

2
Écrivez votre nom sous un symbole,
ce sera celui qui vous suivra tout
au long de ce cahier !

3
Dès que vous le retrouvez
sur une page, c'est à vous
de répondre !

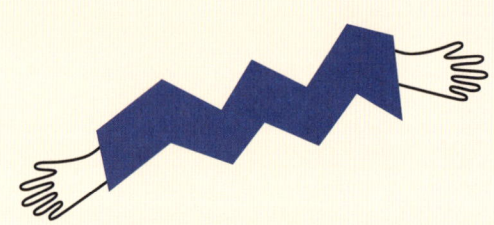

....

....

....

....

4
Ça y est, vous êtes prêts et prêtes ?
Alors, tournez la page et surtout, amusez-vous !

On se présente ?

On se connaît déjà depuis quelques années, mais comme on n'est jamais mieux servi que par soi-même, si chacun.e se présentait à sa manière ?

À remplir par

mon nom
si c'est moi qui avais pu choisir, je m'appellerais

....

Mon talent caché

....

L'âge que j'ai dans ma tête

....

La position que j'aimerais avoir dans la fratrie*

1   2   3   4

Dessin de mon vrai visage
(petit ange ou vrai démon ?)

* La fratrie représente les frères et sœurs d'une même famille

À remplir par

mon nom
si c'est moi qui avais
pu choisir, je m'appellerais

....

Mon talent
caché

....

L'âge que j'ai
dans ma tête

....

La position
que j'aimerais avoir
dans la fratrie

1   2   3   4

Dessin de mon vrai visage
(petit ange ou vrai démon ?)

À remplir par

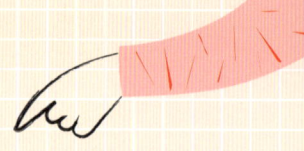

mon nom
si c'est moi qui avais
pu choisir, je m'appellerais

....

Mon talent
caché

....

L'âge que j'ai
dans ma tête

....

Dessin de mon vrai visage
(petit ange ou vrai démon ?)

La position
que j'aimerais avoir
dans la fratrie

1   2   3   4

À remplir par

mon nom
si c'est moi qui avais
pu choisir, je m'appellerais

....

Mon talent
caché

....

L'âge que j'ai
dans ma tête

....

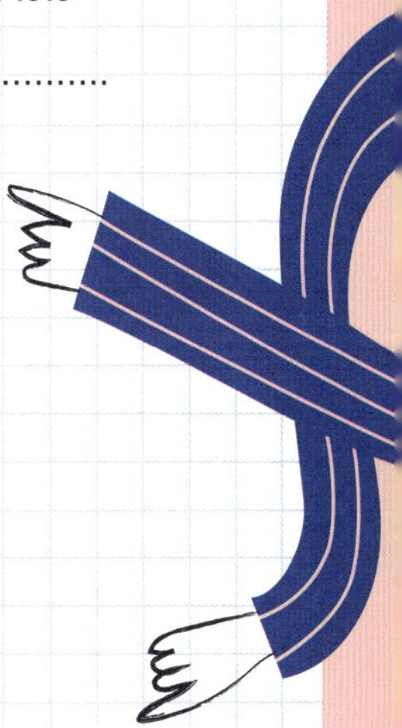

Dessin de mon vrai visage
(petit ange ou vrai démon ?)

La position
que j'aimerais avoir
dans la fratrie

1   2   3   4

notre famille

On ne choisit pas sa famille mais
(allez, on l'avoue) on l'aime quand même avec ses petits
défauts et ses énormes qualités !
Si on se mettait d'accord pour décrire la nôtre ?
(Plusieurs réponses sont possibles !)

famille SPORTIVE

famille POULE

Notre maison, c'est un nid
et on s'y fait chouchouter
et protéger en permanence.

famille PAS COMME LES AUTRES

Que l'on ait des
parents différents, qu'on
soit adopté.e.s, qu'on ait
des demi-frères ou des demi-
sœurs, on peut dire qu'on a une
famille vraiment pas comme les
autres, et c'est une chance !

famille GOURMANDE

famille ▢
À LA COOL

Ici, on ne se prend pas la tête ! Les parents nous laissent des libertés tant qu'on n'en abuse pas, et tant pis s'il y a quelques chaussettes qui traînent dans le salon !

famille ▢
INTELLO

Toute la famille a lu tous les livres de la bibliothèque et pour nous, "sorties en famille" = "musées ou visites culturelles !"

famille ▢
STRICTE

Rien ne dépasse ! On se tient à carreau, et on respecte les règles de la maison car les parents veillent au grain !

▢
Autre
....

famille ▢
NOMADE

On est toujours partant.e.s pour une virée randonnée, des vacances au camping ou une balade dans la forêt. Hors de question de rester enfermé.e.s trop longtemps, on a la bougeotte !

HOME SWEET HOME

notre pièce préférée dans la maison :

On se ressemble ?

« Elle a les yeux de son père. », « Ah ! lui, il a le nez de la famille ! »...
C'est le moment de vérifier à quel point vous vous ressemblez.
Si vos parents sont là, et si vous avez un miroir sous la main,
encore mieux ! Regardez-vous attentivement, complétez
les réponses et ajoutez-en si vous vous découvrez d'autres
similitudes. Vous vous ressemblez peut-être plus
que ce que vous ne pensez !

J'ai les yeux de : ....

J'ai le nez de : ....

J'ai la bouche de : ....

J'ai le, les .... de ....

On tient de qui ?

Il n'y a pas que le physique dans la vie !
Et si on cochait chacun et chacune les traits
de caractère qui nous correspondent pour voir en quoi
on se ressemble ? Même les parents ont le droit de jouer !

je suis une personne :

les parents

- Timide
- Extravertie
- Solitaire
- Sociable
- Casse-cou
- Susceptible
- Drôle
- Maniaque
- Bordélique
- Tête en l'air
- Sérieuse

les parents

	🌙	🔴	〰️	👑	......	......
Bavarde						
Sensible						
Optimiste						
Créative						
Débrouillarde						
Stressée						
Têtue						
Patiente						
Gourmande						
Bosseuse						
Maladroite						
Câline						
Radine						
Indépendante						
Serviable						
Secrète						
Coquette						
......						
......						

Les Parents

Pourquoi parfois ils nous énervent !

Ils n'arrêtent pas de nous comparer

Ils décident tout à notre place

Ils parlent comme dans l'ancien temps

ATTENTION pages interdites **AUX PARENTS !**

Tout ce qui les intéresse, c'est qu'on ait des bonnes notes à l'école

Ils sont toujours
en retard

Ils travaillent trop,
on ne les voit jamais

On ne passe jamais
de moments en famille

Ils ne rigolent
pas beaucoup

Il faut toujours
tout ranger

Ils nous
interdisent tout

Ils essaient trop
de se la jouer jeunes

....

Les Parents

Pourquoi on les adore !

Ils nous achètent tout ce qu'on veut

Ils nous font découvrir plein de choses

Ils aiment nous faire plaisir

Ils invitent toujours plein de monde à la maison

On aurait du mal à se passer d'eux

On les admire trop

Ils nous font à manger tous les jours

Ils sont vraiment trop cools

Ils soignent nos petits bobos

Ils nous aiment malgré nos défauts

On peut tout leur dire

Bilan
Bon, du coup, on les garde quand même ?

Ouiiiiii !

Pas trop le choix mais bon si y'a mieux...

Nos chambres

La chambre est sans doute le lieu où l'on passe le plus de temps : on y dort, on y joue, on s'y réfugie... Il faut surtout qu'on s'y sente bien ! C'est le moment de dire ce qu'on aurait envie de changer.

pourquoi c'est bien de partager sa chambre ?

Pour se piquer des affaires plus facilement

Pour pouvoir faire des bêtises quand les parents dorment

Pour ne pas dormir seul.e

pourquoi c'est bien d'avoir une chambre rien qu'à soi ?

Pour accrocher les posters que je veux

Pour ne plus entendre

....
ronfler

je ne changerais rien

Elle est parfaite
ma chambre !

ce qu'on changerait bien

J'aimerais bien
qu'on joue plus souvent
tous ensemble
dans ma chambre

J'aimerais bien qu'on n'entre
pas dans ma chambre
comme dans un moulin

J'aimerais bien
changer la déco

J'échangerais bien
ma chambre contre celle de :
....

Pour avoir mon
intimité

....

Avoir une sœur ou un frère

Quand on est une fille, qu'est-ce que
ça change d'avoir un frère plutôt qu'une sœur ?
Et vice versa, quand on est un garçon, quelle différence
ça fait de grandir avec une sœur plutôt qu'un frère ?

Avoir une sœur
quand on est une fille,
c'est bien parce que

…………………

……………………

Avoir une sœur
quand on est un garçon,
c'est bien parce que

………………

…………………

Que ce soit un frère ou une sœur,
ça ne change rien parce que

....

....

Avoir un frère
quand on est une fille,
c'est bien parce que

....

....

Avoir un frère
quand on est un garçon,
c'est bien parce que

....

....

Pourquoi on s'adore ?

On est tous uniques et à notre manière on offre tous quelque chose à la fratrie. Et si chacun exprimait le petit plus qu'il pense apporter à la tribu ?

Qui a toujours des idées de jeux ?

Qui négocie auprès des parents ?

Qui donne des super conseils ?

Qui nous couvre toujours en cas de bêtises ?

Qui prend soin de tout le monde ?

☐☐☐☐

Qui calme
les disputes ?

☐☐☐☐

Qui prête toujours
ses affaires ?

Qui organise
des super fêtes ou
des super surprises ?

☐☐☐☐

Qui fait rire
tout le monde ?

☐☐☐☐

Autre :

....

Qui pense qu'on fait partie d'un clan ?

 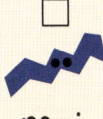 

moi   moi   moi   moi

Pourquoi on s'énerve ?

Qu'est-ce qu'on s'ennuierait si on ne se disputait pas, non ?
Mais parfois, peut-être qu'on va un peu trop loin
et on en a marre de ces sempiternelles guéguerres.
Si on en discutait pour les éviter ?

c'est quoi nos sujets de dispute ?

.... adore taquiner ....

.... contredit toujours ....

.... se moque de ....

.... pique tout le temps les affaires de ....

.... est toujours en train de cafter

.... prend trop de place

.... est toujours en train de se la raconter

....

....

quand on se dispute, qu'est-ce que ça me fait ?

☐ ☐ ☐ ☐
Ça me rend triste

☐ ☐ ☐ ☐
Je ne me sens pas respecté.e

☐ ☐ ☐ ☐
C'est pas bien grave de se disputer

Quel effort peut-on faire pour moins se disputer ?

....

Tous Jaloux

Dans la vie, ce n'est pas rare de ressentir de la jalousie. Entre frères et sœurs, ça arrive même très souvent ! Ce n'est pas facile de devoir partager l'amour et l'attention de ses parents... Ça nous ferait peut-être du bien d'en parler un peu pour que cela ne prenne pas trop de place dans notre relation.

Je suis jaloux, jalouse de toi parce que
....

Je suis jaloux, jalouse de toi parce que
....

Je suis jaloux, jalouse de toi parce que
....

Je suis jaloux, jalouse de toi parce que
....

Je suis jaloux, jalouse de toi parce que
....

Je suis jaloux, jalouse de toi parce que
....

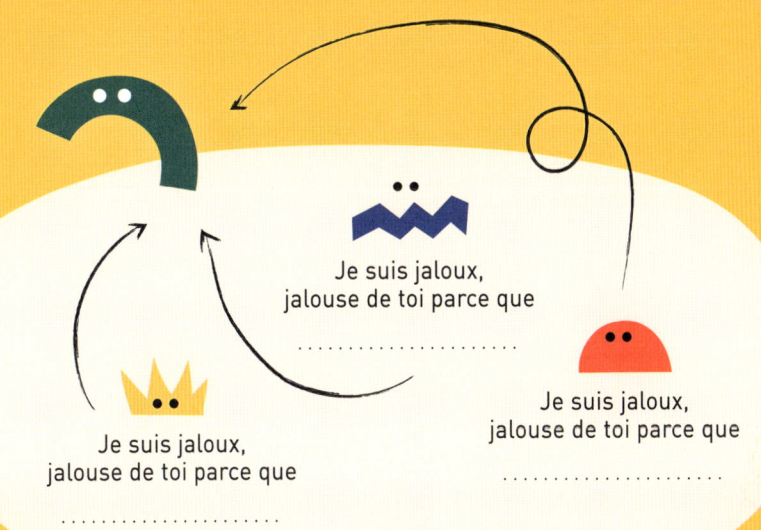
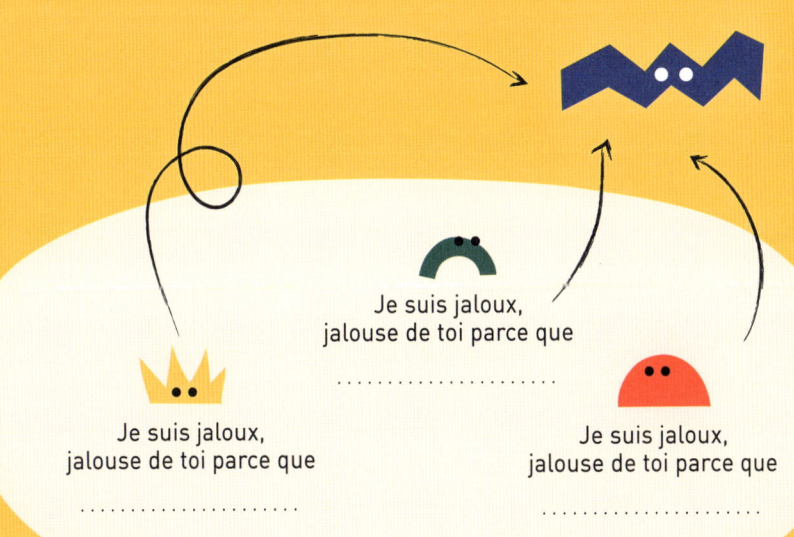

Peut-on TOUT partager ?

Être frère et sœur, c'est un peu comme être des colocataires forcés ! On se retrouve tous les jours sous le même toit et on partage beaucoup de choses (des bons moments, nos parents, nos affaires...), Mais peut-on vraiment tout partager ?

les potes

☐ OUI
c'est sympa d'avoir les mêmes amis (plus on est de fous plus on rit)

☐ NON
interdiction de les partager (j'aurais peur de me les faire piquer)

les passions

☐ OUI
comme ça on peut en parler et se conseiller

☐ NON
ma passion, c'est ma manière de me démarquer

les parents

☐ OUI
ça paraît normal et on n'a pas vraiment le choix

☐ NON
j'aimerais les avoir pour moi tout.e seul.e

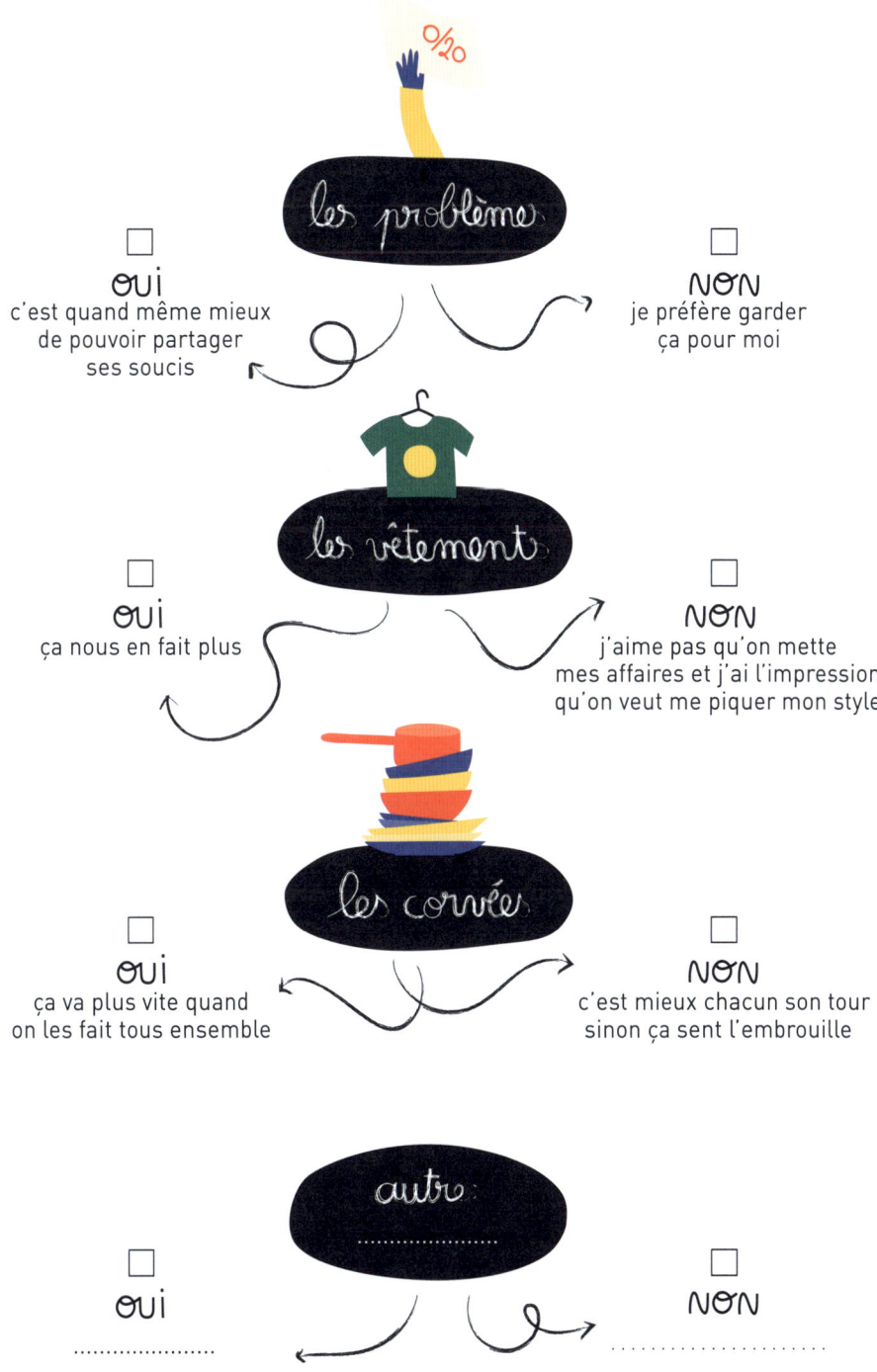

C'est pas juste !

C'est vrai que la vie est vraiment trop injuste !
Mais est-ce que si tout était toujours
équitable, ça serait plus juste ?
On n'a pas le même âge, le même appétit...
Voici quelques revendications, discutez-en et
décidez ensemble si vraiment « ça se fait pas »
ou si « c'est pas bien grave ».

S'il y en a un.e qui a un téléphone et pas moi...

□ normal
....
.... □ ça se fait pas
□ pas grave

□ ça se fait pas
□ pas grave □ normal
....
....

S'il y en a un.e qui a plus de frites dans son assiette que moi...

Solidaires

C'est vrai qu'on se chamaille et qu'on se tire parfois dans les pattes mais si on se parlait plutôt des petites choses qu'on fait les un.e.s pour les autres ?

☐ ☐ ☐ ☐

J'ai déjà menti pour mon frère ou ma sœur

☐ ☐ ☐ ☐

Je prête mes affaires (même si on ne me les rend jamais)

☐ ☐ ☐ ☐

J'ai défendu mon frère ou ma sœur qui se faisait embêter à l'école

☐ ☐ ☐ ☐

Je suis au courant d'une bêtise que mon frère ou ma sœur a faite mais je ne l'ai jamais dit aux parents !

☐ ☐ ☐ ☐

J'ai fait un devoir pour mon frère ou ma sœur

☐ ☐ ☐ ☐

J'ai défendu mon frère ou ma sœur qui se faisait gronder par les parents

☐ ☐ ☐ ☐

Je laisse la meilleure part de nourriture à mes frères et sœurs

☐ ☐ ☐ ☐

Autre :

....

La plus belle chose que mon frère ou ma sœur ait faite pour moi ?

....

Qu'est-ce qui nous fait rire ?

Que serait une relation entre frères et sœurs sans ces fous rires où on ne peut plus s'arrêter et qu'on n'arrive pas à expliquer ?

Et si on écrivait ce qui nous fait rire !

Les imitations ratées de
....

Quand
....
commence à rire, c'est contagieux

Les blagues de
....

Cap ou pas Cap?

Et si on se mettait au défi ?
Attention, on est obligé.e.s de choisir
au moins un gage par personne !

Parler en chantant
pendant toute une soirée

Écrire une chanson
sur mes frères et sœurs
et la chanter devant toute
la famille

Préparer le petit déj
pour mes frères et sœurs
d'amour et le servir comme
dans un restaurant chic

Aller piquer une fringue des parents et la porter jusqu'à ce qu'ils s'en rendent compte !

Faire croire aux parents que j'ai eu un zéro

Accepter de me faire relooker par mes frères et sœurs

Autre :

....
....

Portrait de fratrie?

Si nous réalisions un autoportrait collectif de la famille ?
C'est simple, chacun votre tour, dessinez une partie
du corps d'un membre de la famille, cachez votre dessin
et passez-le au suivant qui dessinera à son tour...
et ainsi de suite. Une fois votre œuvre terminée, découvrez
quel drôle de personnage hybride de votre famille
vous avez créé !

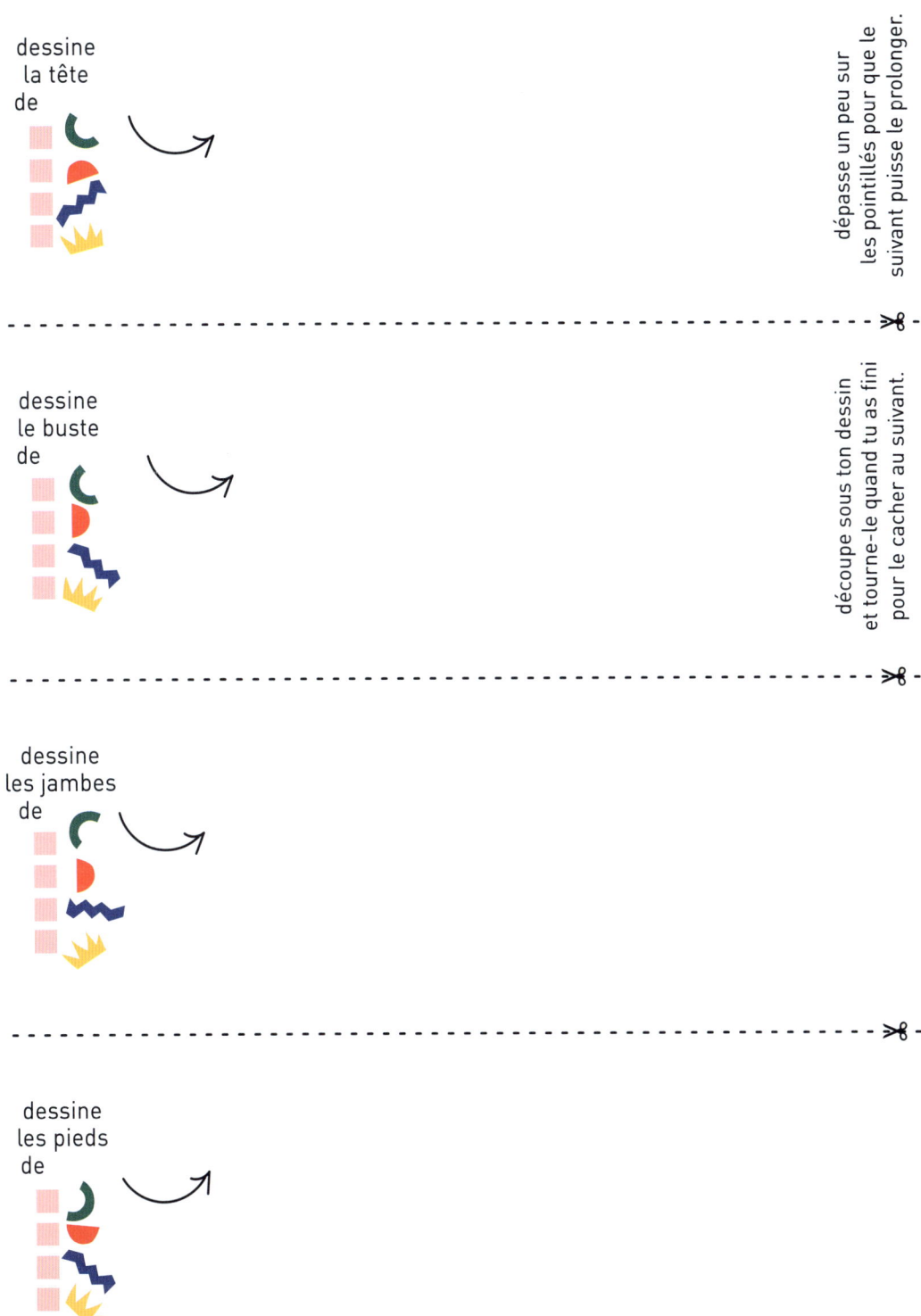

Ce qu'on aimerait faire plus ensemble

Qu'on joue ensemble

− ——————|—————— +

on ne change rien

Qu'on puisse se faire des confidences

− ——————|—————— +

on ne change rien

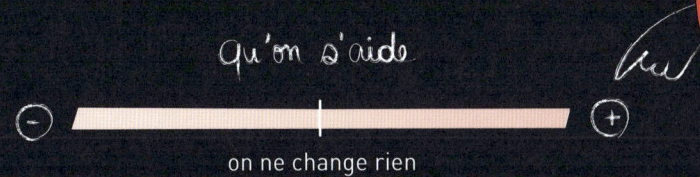

qu'on s'aide

on ne change rien

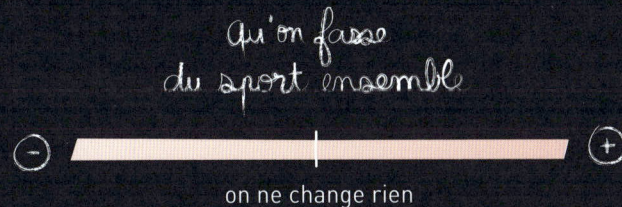

qu'on fasse
du sport ensemble

on ne change rien

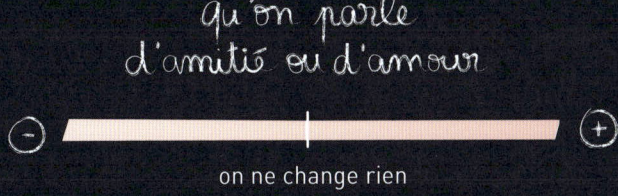

qu'on parle
d'amitié ou d'amour

on ne change rien

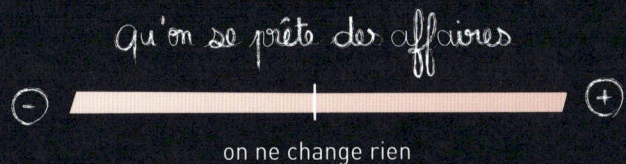

qu'on se prête des affaires

on ne change rien

Nos Tops 5

L'air de rien, on passe beaucoup de temps ensemble depuis toutes ces années. Ça paraît normal qu'on partage les mêmes goûts. Listons tous nos tops 5.
Attention, il va falloir se mettre d'accord !

TOP 5
de nos jeux préférés

1 ....
2 ....
3 ....
4 ....
5 ....

TOP 5
de nos plats adorés

1 ....
2 ....
3 ....
4 ....
5 ....

TOP 5
de nos vacances préférées

1. ....
2. ....
3. ....
4. ....
5. ....

TOP 5
de nos phrases cultes

1. ....
2. ....
3. ....
4. ....
5. ....

L'aîné.e

Chaque place dans la tribu a ses avantages... mais aussi ses inconvénients ! Quand on est l'aîné.e, bien souvent, on a l'impression d'avoir plus de responsabilités, de devoir montrer l'exemple mais aussi de pouvoir faire son petit chef !
Si tu es l'aîné.e de la famille, coche ce que tu as déjà fait puis entoure le ⊕ si c'est quelque chose qui te plaît ou le ⊖ si, au contraire, ça t'embête.

☐ J'ai abusé de mon autorité pour que mon frère ou ma sœur aille me chercher un truc dans la cuisine ⊕⊖

☐ Je suis allé.e embêter mon frère ou ma sœur juste parce que je m'ennuyais ⊕⊖

☐ J'ai léché un aliment pour que mon frère ou ma sœur ne puisse pas le manger ⊕⊖

☐ J'ai décrété que la place de devant dans la voiture me revenait car c'est moi le ou la plus grande ! ⊕⊖

☐ J'ai habillé mon petit frère ou ma petite sœur comme si c'était mon jouet

Celui ou celle du Milieu

Pas si facile cette place du milieu ! Il faut, parfois, encore plus jouer des coudes pour trouver sa place. Mais on ne va pas se mentir, ça peut aussi avoir des avantages. Coche ce que tu as déjà fait puis entoure le ⊕ si c'est quelque chose qui te plaît ou le ⊖ si, au contraire, ça t'embête (cette page peut être remplie par 2 membres de la famille).

☐ ☐
Je récupère souvent les habits de
....
⊕ ⊖

☐ ☐
Je crée toujours plein de trucs (sans doute pour me distinguer des autres)
⊕ ⊖

☐ ☐
Je peux faire plus facilement mes coups en douce
⊕ ⊖

☐ ☐
Je peux me vanter de ne pas avoir servi de brouillon
⊕ ⊖

☐ ☐
J'ai dû jouer des coudes pour me faire remarquer
⊕ ⊖

☐ ☐
Je suis celui ou celle qu'on remarque moins... même quand je fais des bêtises !
⊕ ⊖

☐ ☐
Je suis souvent le négociateur entre le plus grand et le plus petit
⊕ ⊖

☐ ☐
Quand ça m'arrange, je fais partie du clan des grands... ou des petits
⊕ ⊖

Est-ce que tu es content.e de ta place dans la famille ?

....

Qui veut ma place ?

....

Le petit dernier la petite dernière

Être le petit dernier ou la petite dernière, comme chaque place dans la fratrie, ça peut avoir des bons et des moins bons côtés : on est parfois bien content.e d'être chouchouté.e mais il ne faut pas non plus que l'on nous prenne pour un bébé !
Coche ce que tu as déjà fait puis entoure le ⊕ si c'est quelque chose qui te plaît ou le ⊖ si, au contraire, ça t'embête.

☐ J'ai regardé mon grand frère ou ma grande sœur se faire engueuler pour quelque chose que j'avais fait
⊕ ⊖

☐ Mes grands frères et sœurs se prennent pour mon boss
⊕ ⊖

☐ On ne m'écoute jamais et on ne prend pas souvent mon avis en considération
⊕ ⊖

☐ Je suis allé.e embêter mon frère ou ma sœur juste pour déclencher une course-poursuite dans la maison
⊕ ⊖

☐ J'ai demandé des conseils à mon grand frère ou ma grande sœur sur des choses de la vie ⊕⊖

☐ J'ai dit à l'école que si on continuait à m'embêter, j'allais appeler mon grand frère ou ma grande sœur ⊕⊖

☐ J'ai demandé à mon frère ou ma sœur de faire mes devoirs ⊕⊖

☐ J'ai dû rappeler à tout le monde que je n'étais plus un bébé ⊕⊖

Est-ce que tu es content.e de ta place dans la famille ?

....

Qui veut ma place ?

....

Comment on s'imagine plus tard ?

Bon, c'est vrai que là, c'est difficile de s'imaginer
autrement mais en faisant un effort...
à quoi pourrait ressembler notre relation dans 20 ans ?
(plusieurs réponses possibles)

On sera des stars donc on passera notre vie à se croiser sur les tapis rouges

On ne se verra qu'aux fêtes de famille parce qu'on s'est déjà trop vu.e.s ici

On vivra tou.te.s dans le même quartier et on passera notre temps ensemble

On aura chacun.e notre petite vie mais on s'appellera souvent pour se voir et se donner des nouvelles

On continuera à avoir les mêmes activités ensemble... mais en plus vieux : jeux vidéo, danse, foot...

Autre :

....

On aura le même genre de famille que maintenant

On n'aura surtout pas le même genre de famille que maintenant

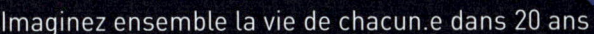

Imaginez ensemble la vie de chacun.e dans 20 ans

....

Revendications

Un des avantages d'avoir des frères et sœurs, c'est qu'on peut s'unir pour se faire entendre auprès des parents ! C'est le moment de se mettre d'accord sur vos revendications et d'user de vos charmes, de votre force de persuasion... pour embobiner les parents !

on veut un chien, un chat, un lapin (ou tout autre petit animal trop mignon)

parce que
....

on mérite plus de temps d'écran

parce que
....

on a le droit de s'habiller comme on veut

parce que
....

on peut rentrer seul.e.s

parce que
....

Notre liste de revendications:

Retrouvez toute la collection
sur www.minus-editions.fr

« Telle mère, telle fille ? »
« Telle mère, tel fils ? »
« Tel père, telle fille ? »
« Tel père, tel fils ? »
« Papi, mamie et moi »
« Gang de filles »
« 25 astuces pour s'amuser au musée »
« 9 mois à t'attendre »
« Oh my god, je me marie ! »
« Happy birthday to you ! »
« Remember, ta première année de A à Z »
« Remember, pour ne rien oublier
de ton enfance »

© Minus Éditions
Dépôt légal, mars 2020
Achevé d'imprimer en juillet 2021 chez Imprimerie Monsoise (France).
avec des encres à base d'huile végétale.
Papier issu de forêts de labellisées FSC®et de sources contrôlées.
Loi n°49-956 du 16 juillet 1949 sur les publications destinées à la jeunesse.
ISBN : 979-10-91757-60-7